MATTHIEU MERIOT

Observations et photographies

Tome 2

Photographies chaleureuses

Éditions BoD

Du même auteur :

Observations et photographies, tome 1 : Photographies enneigées

Éditions BoD, 2018.

Un enfer scolaire

Éditions BoD, 2018.

Les émotions d'une vie

Editions BoD, 2019.

Parle

Editions BoD, 2020.

Sentiments Positifs

Editions BoD, 2020.

Toujours Brave

Éditions BoD, 2021.

Matthieu Meriot est né le 6 avril 1999 en France, dans la région Centre. Il a 22 ans. Élevé par ses deux parents, le jeune homme commence l'écriture à son adolescence pour raconter le harcèlement scolaire qu'il a subi.

En 2018, il décide de se lancer dans l'auto-édition pour se faire connaître et à force de persévérance, il réussit à vendre plus de 10 000 exemplaires dans le monde, principalement en France, mais aussi en Suisse, en Belgique, en Espagne, au Canada, aux États-Unis, au Royaume-Uni, etc...

Matthieu Meriot reste très positif en déclarant : « J'ai été dévasté par le fléau du harcèlement scolaire pendant des années... C'était douloureux, humiliant et très difficile de remonter la pente. J'ai dû réapprendre à puiser dans mes forces. D'ailleurs, beaucoup de gens m'ont dit tout au long de ma vie que mon style d'écriture et les livres que je fais... sont inintéressants et invendables. Mais la seule raison pour laquelle j'ai réussi en auto-édition, c'est parce-que je suis resté fidèle à moi-même ! »

Prologue

En grandissant, j'ai découvert la photographie.

La lumière du matin, du soir. Les saisons qui défilent m'ont fait découvrir l'art de la photo.

Au fil de mes balades, j'ai joué avec mon appareil sur la nature qui m'entoure.

Aujourd'hui je partage celles prises en été, en août 2021.

Partie 1

Les émotions de la nature

Aujourd'hui nous sommes le dimanche 22 août 2021, au matin. Je me suis réveillé avec l'envie de prendre quelques photographies de la nature par chez moi. Hélas, ce matin-là, le temps est très nuageux. Je n'ai pas vue le soleil, caché par les nuages blancs. C'est dommage mais je ne baisse pas les bras car je vous partage les photographies que j'ai réussis à prendre et qui m'ont le plus marqué.

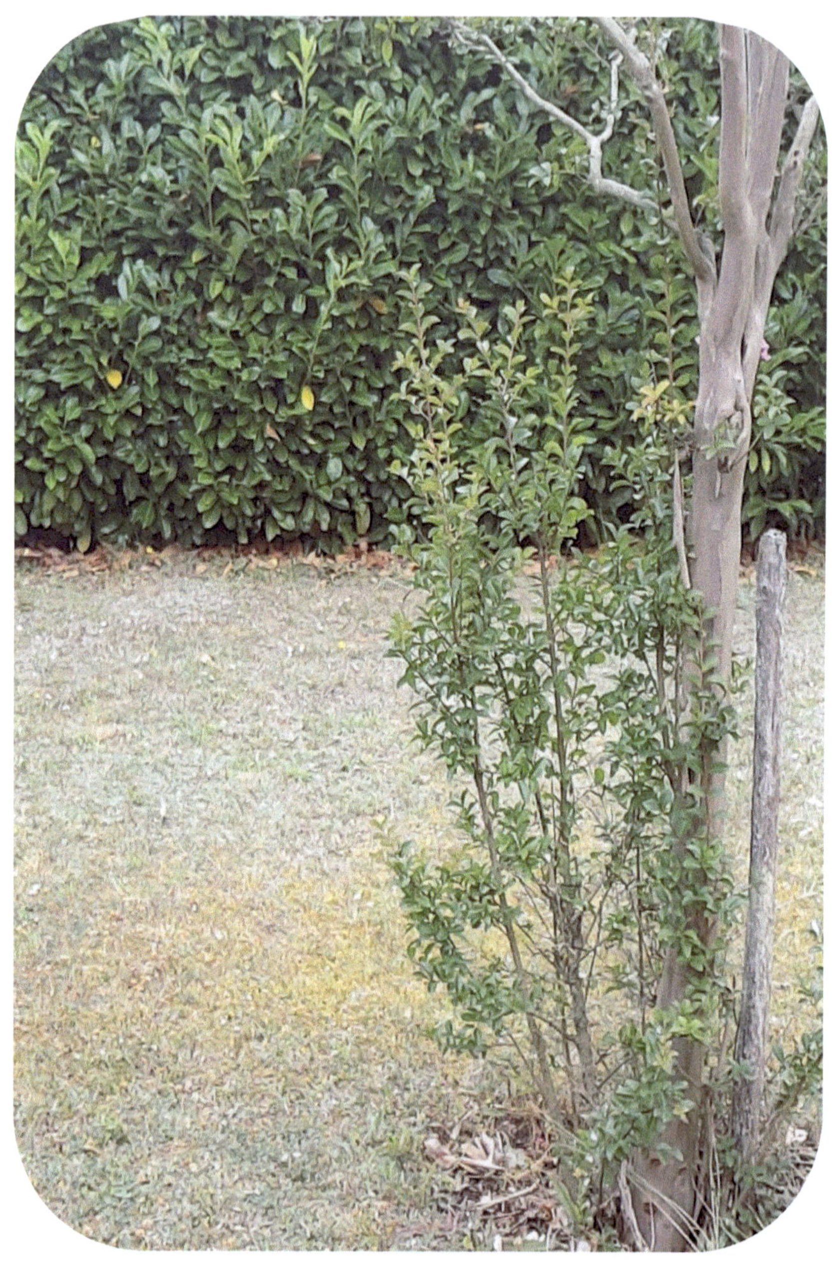

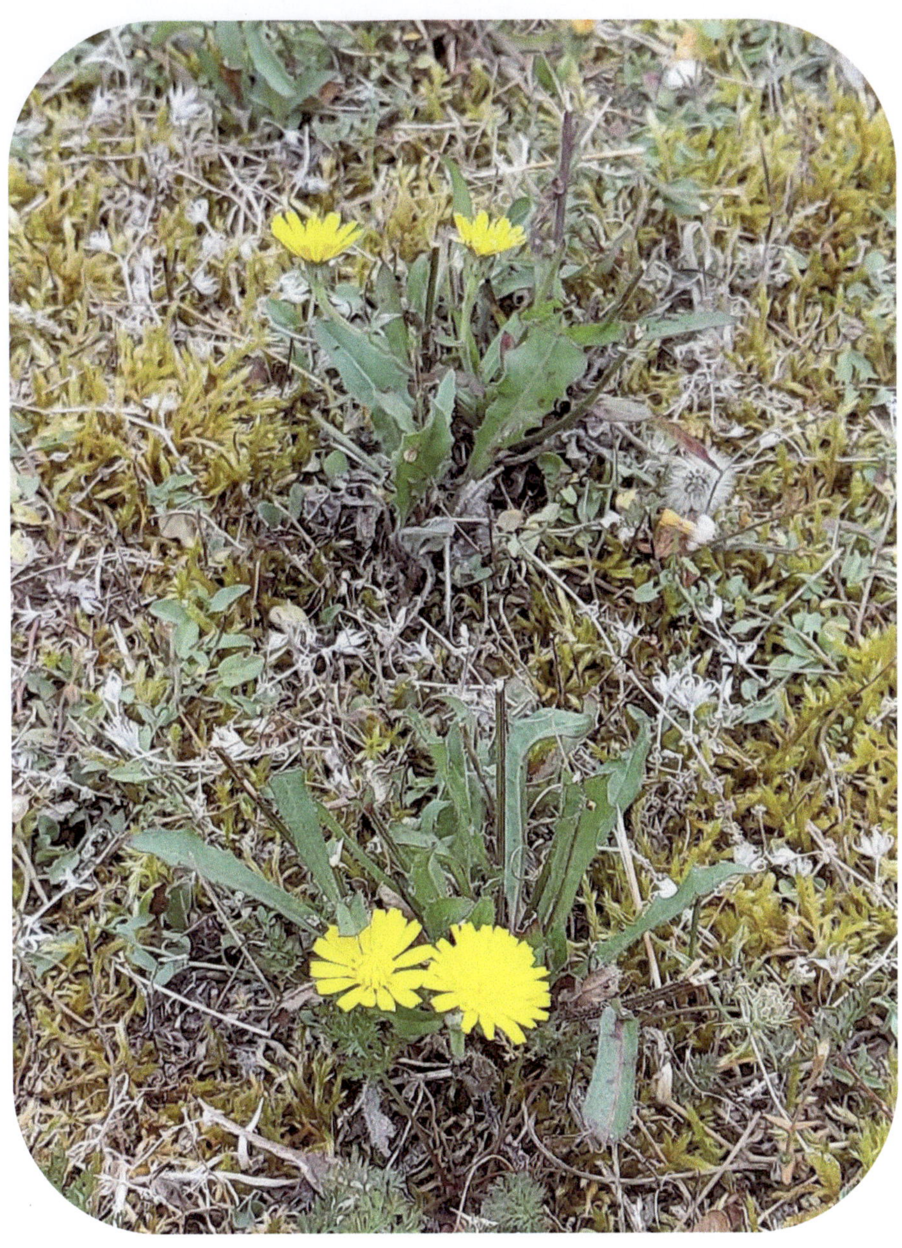

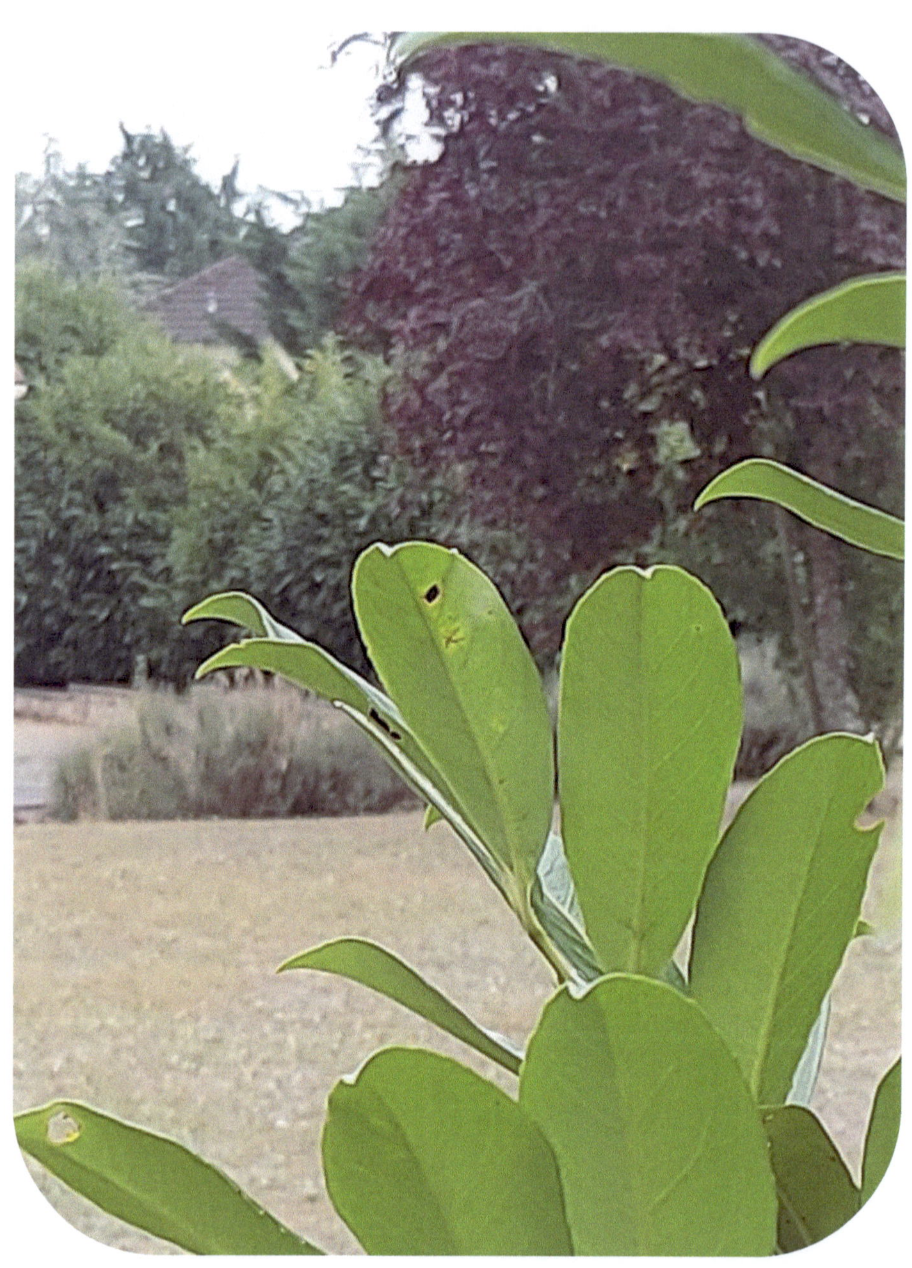

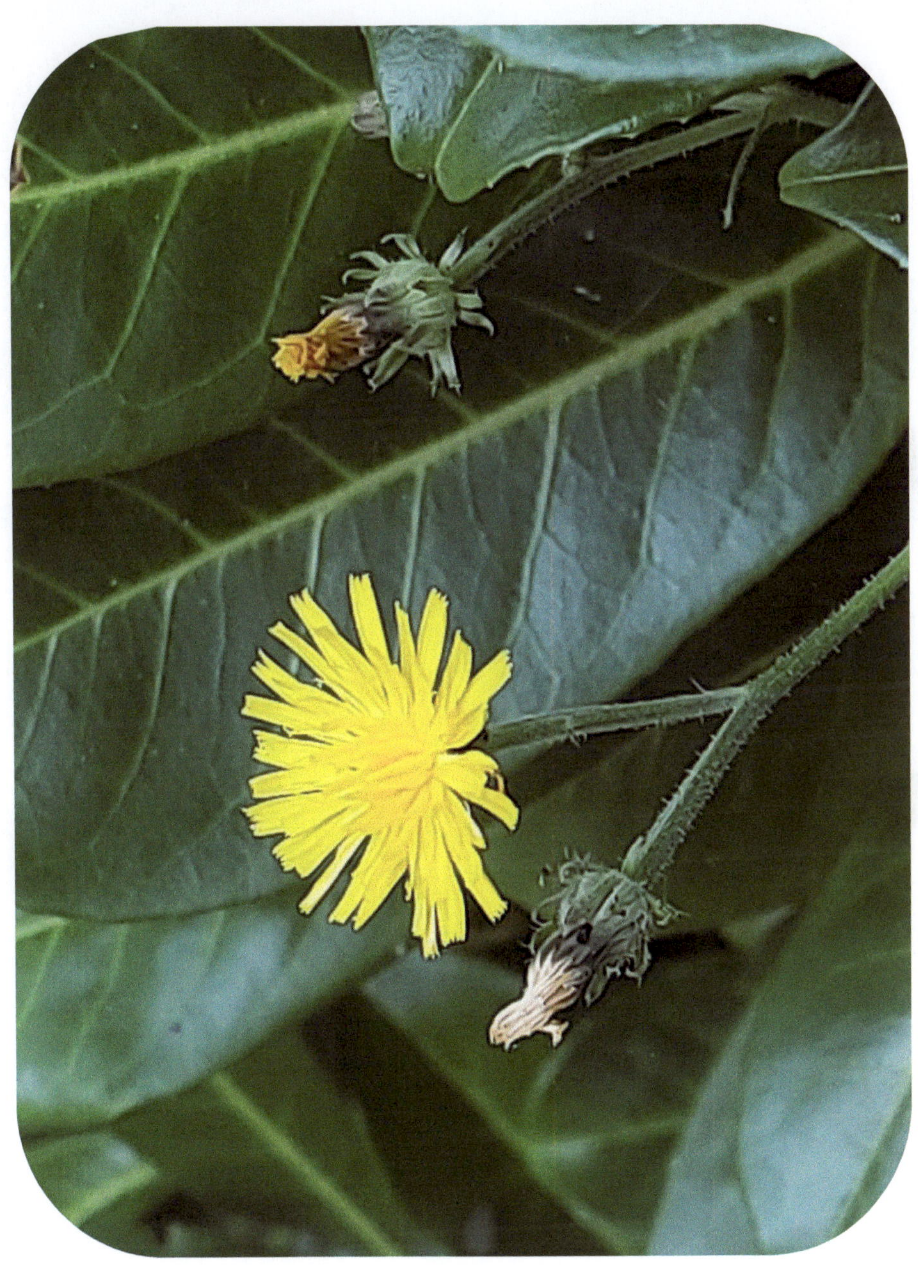

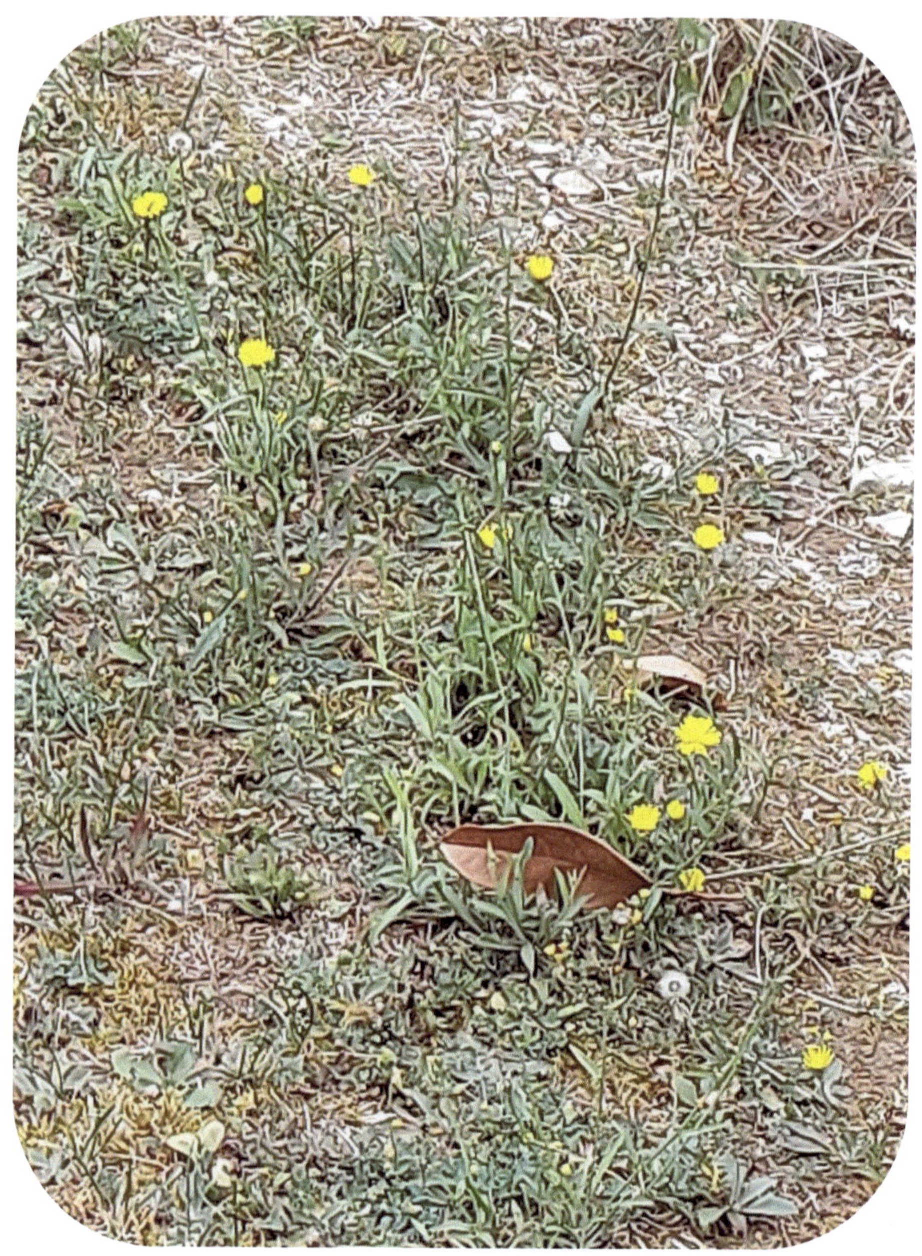

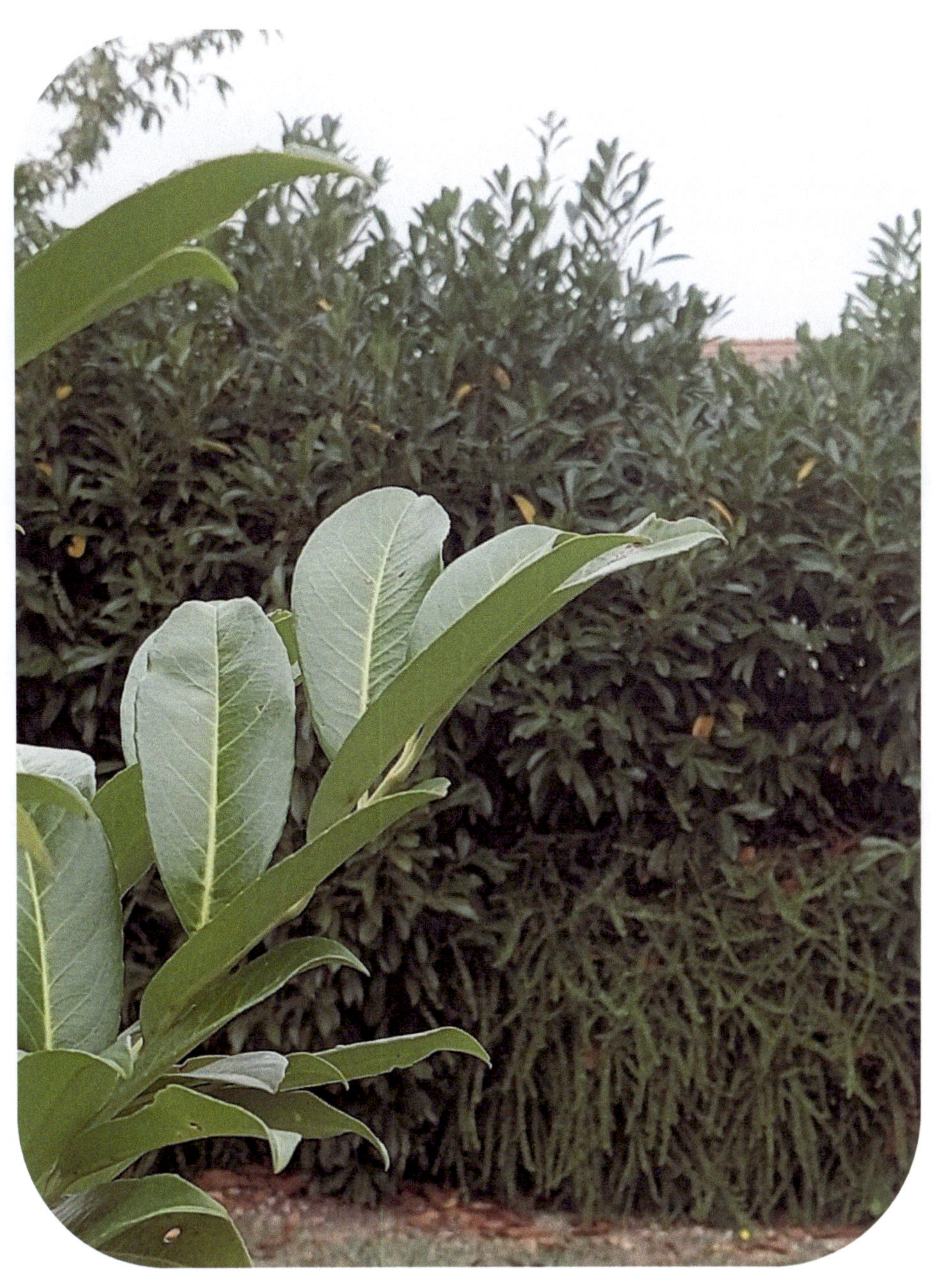

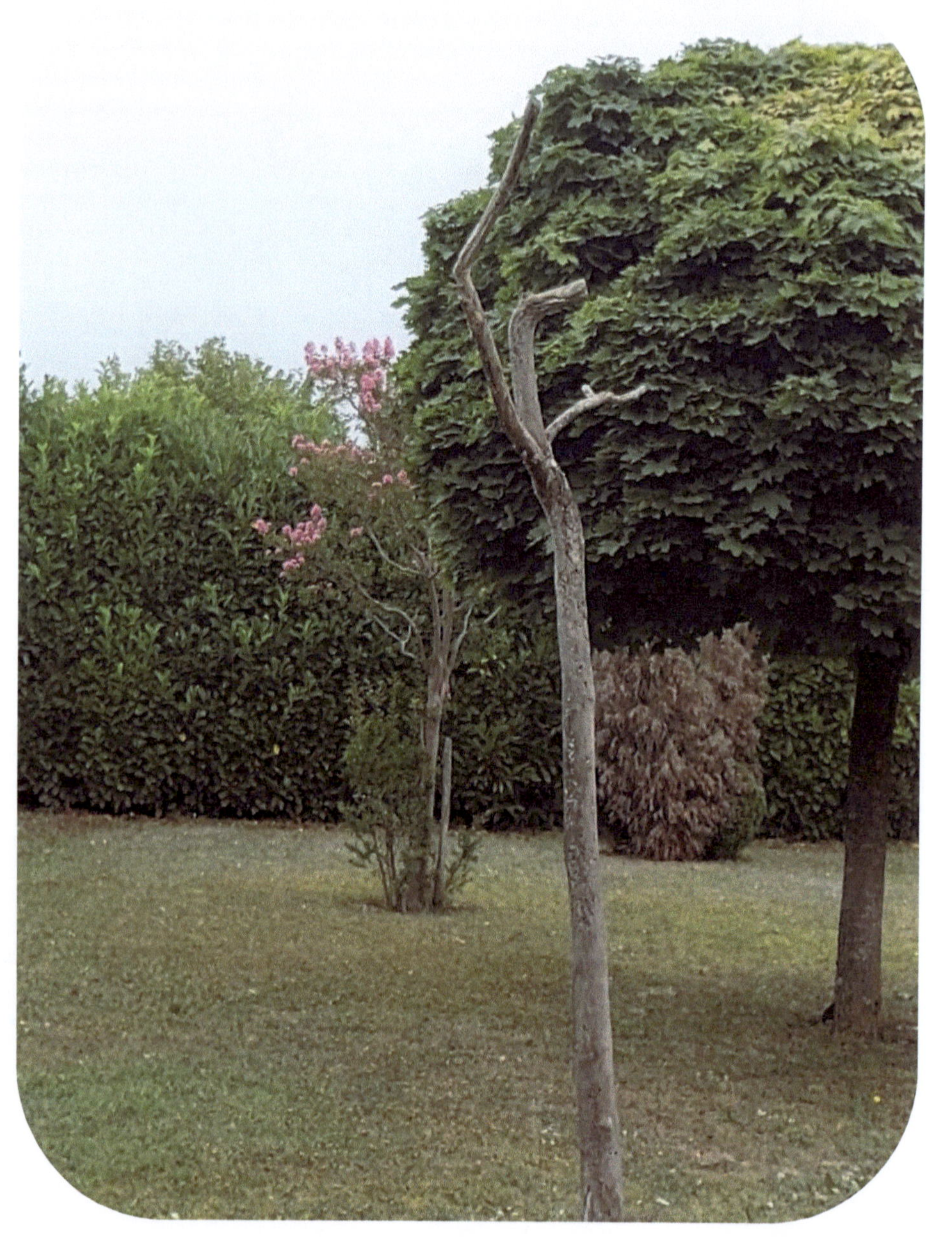

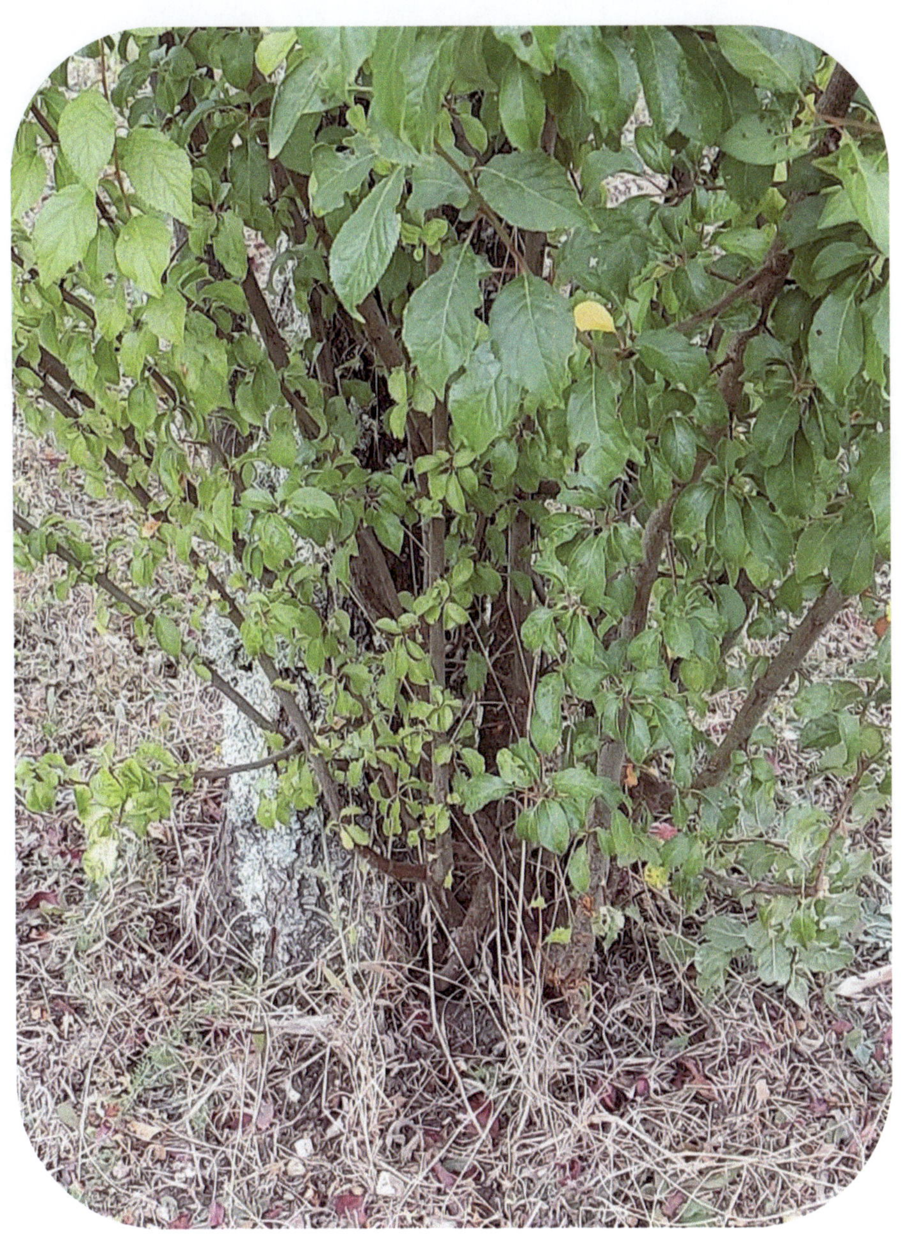

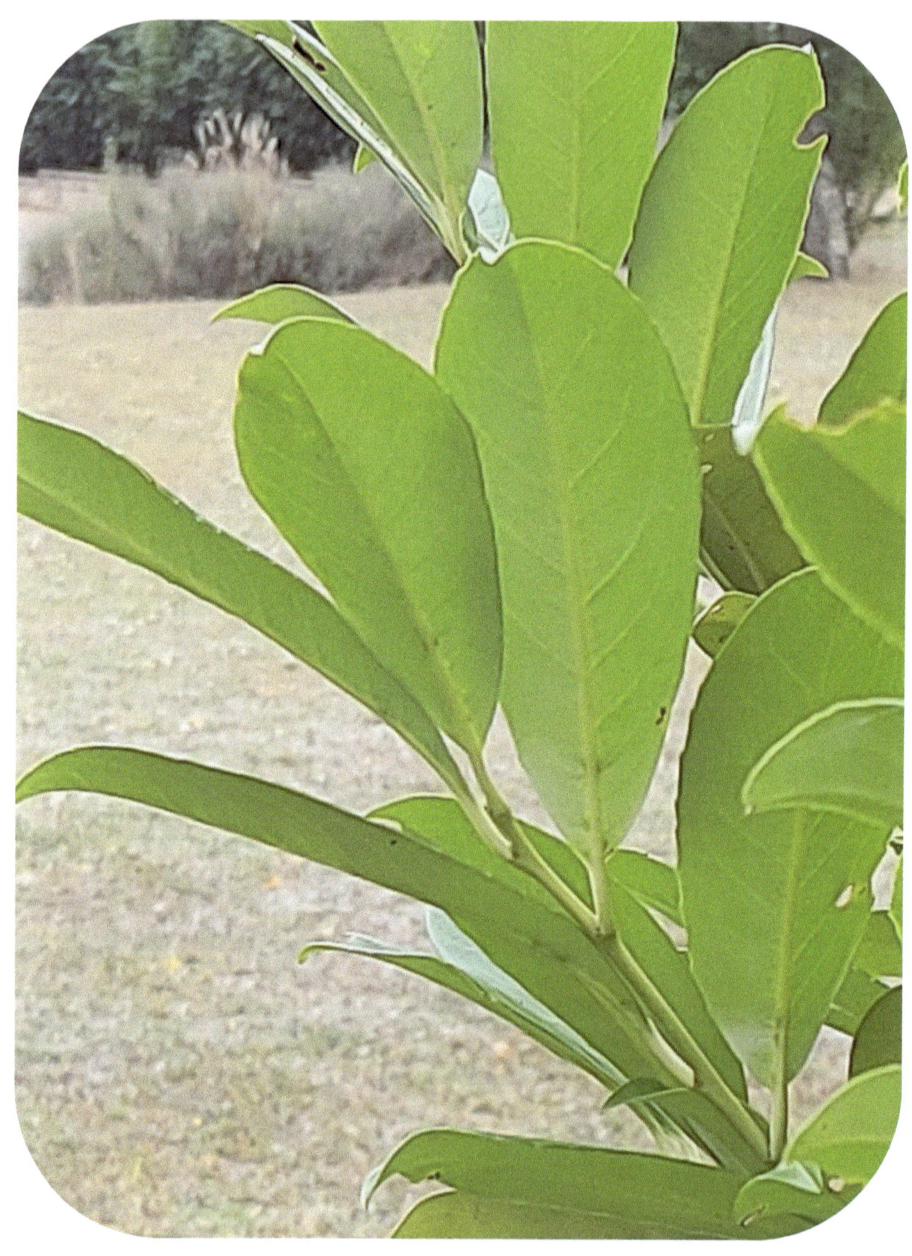

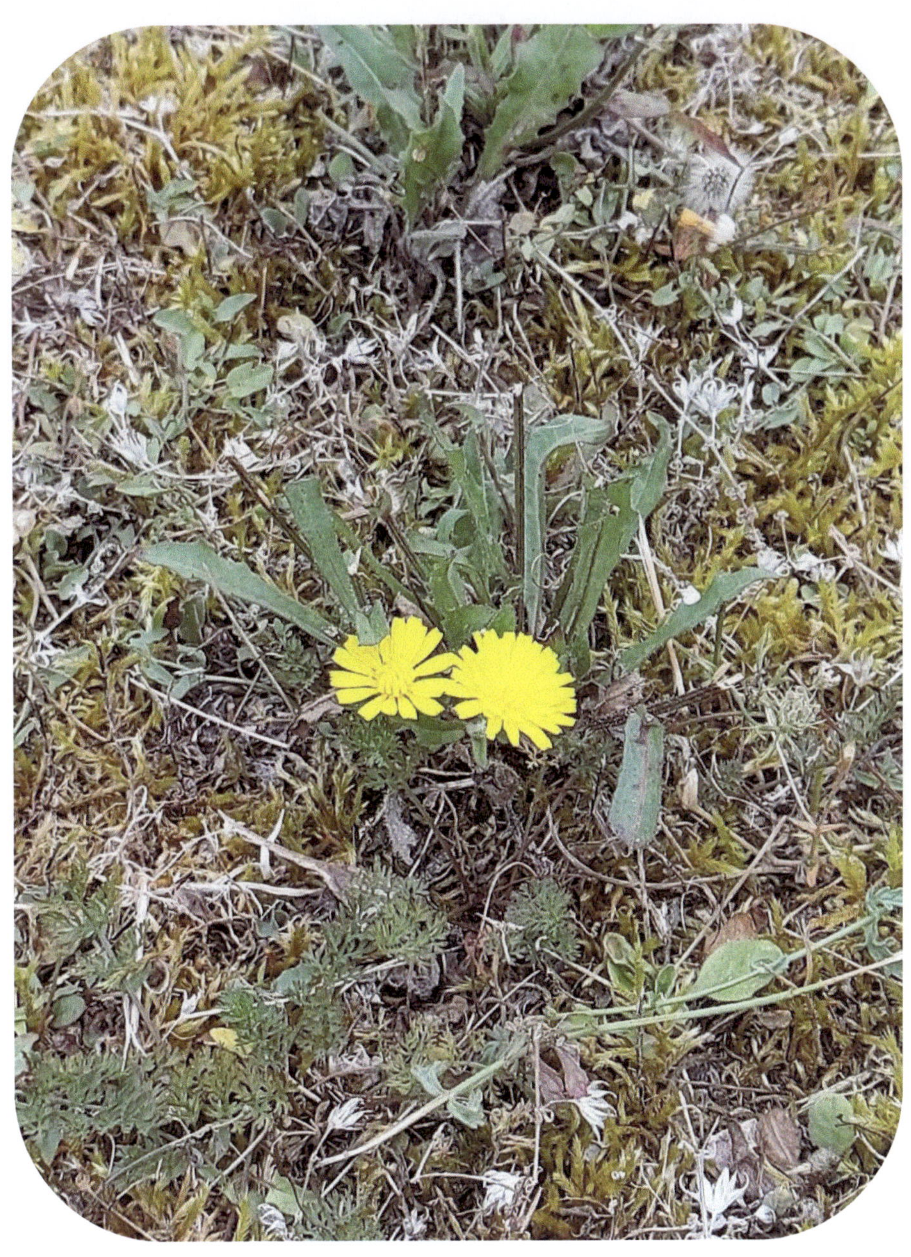

Partie 2

La beauté des paysages

Nous sommes le même jour et c'est encore nuageux. À mon avis ce sera comme ça toute la journée. Mais ce n'est pas grave car je peux tout de même vous partager mes photographies du jour. J'ai besoin de vous en faire profiter car je les trouve vraiment belles et intéressantes !

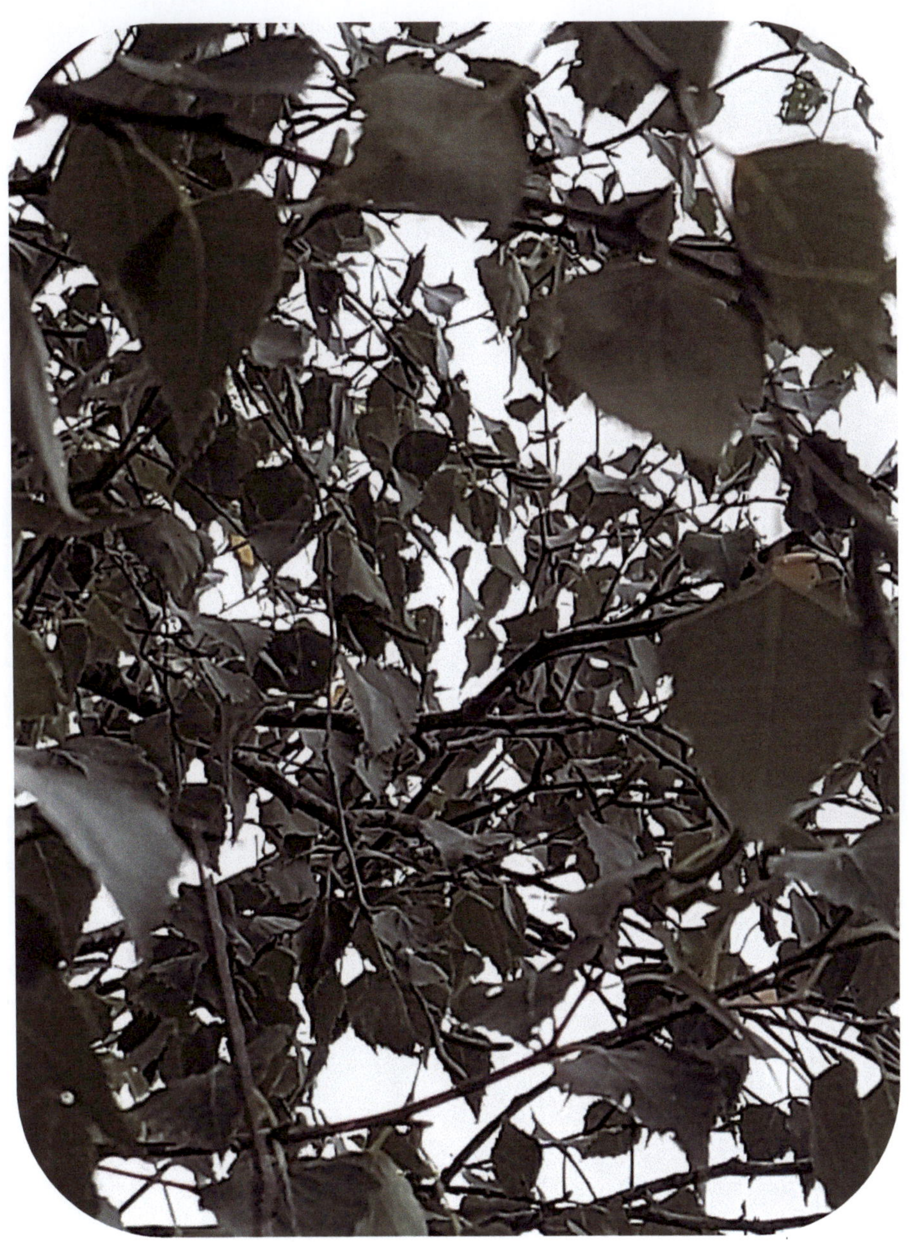

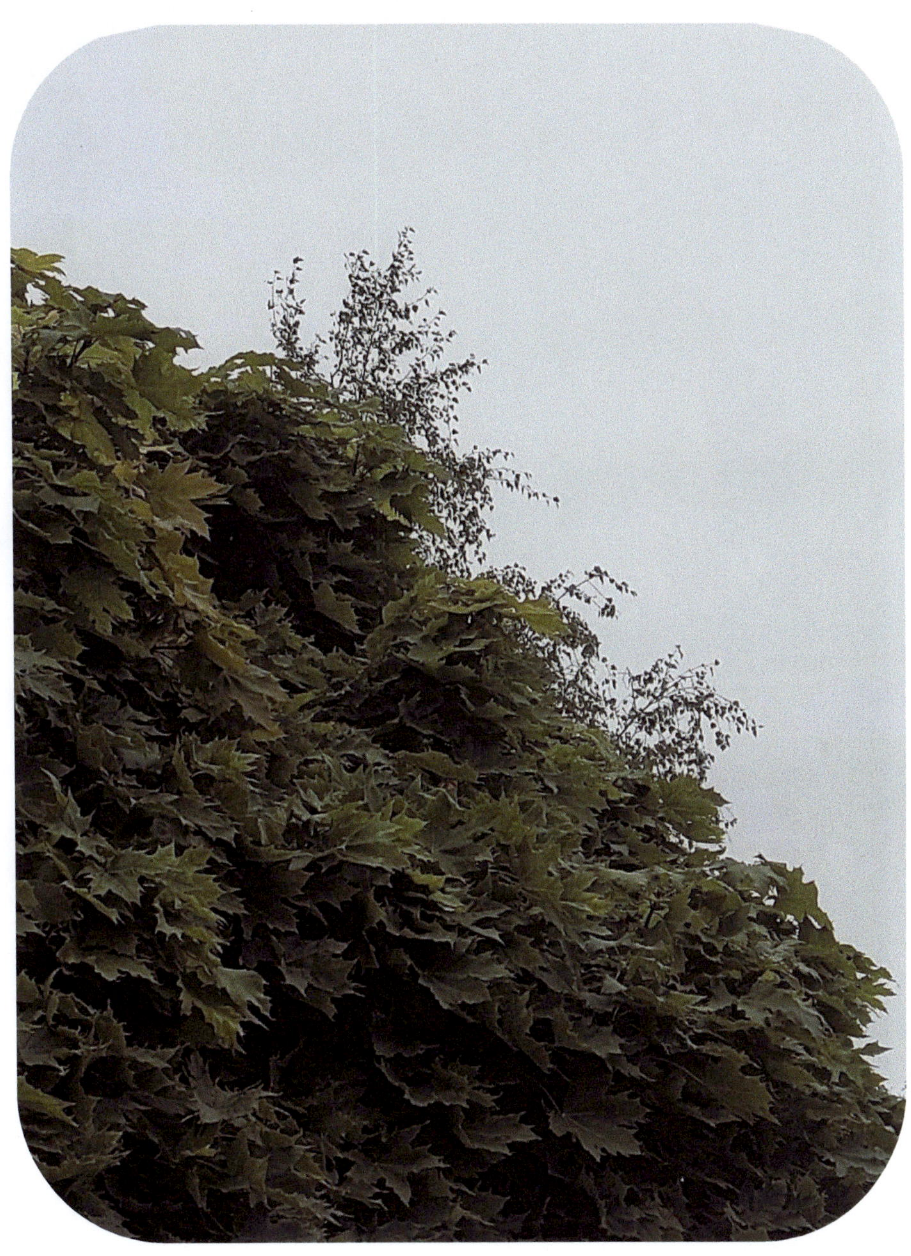

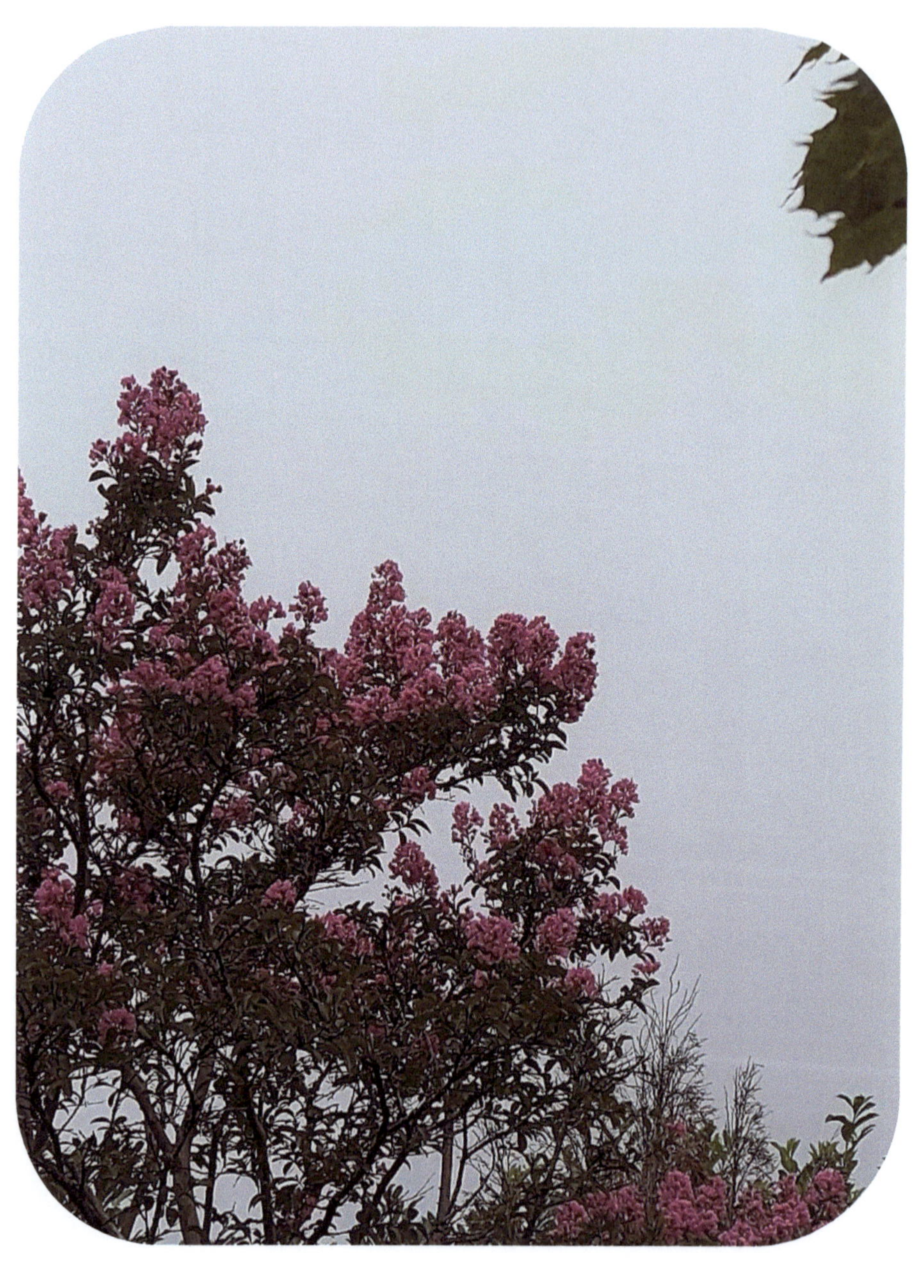

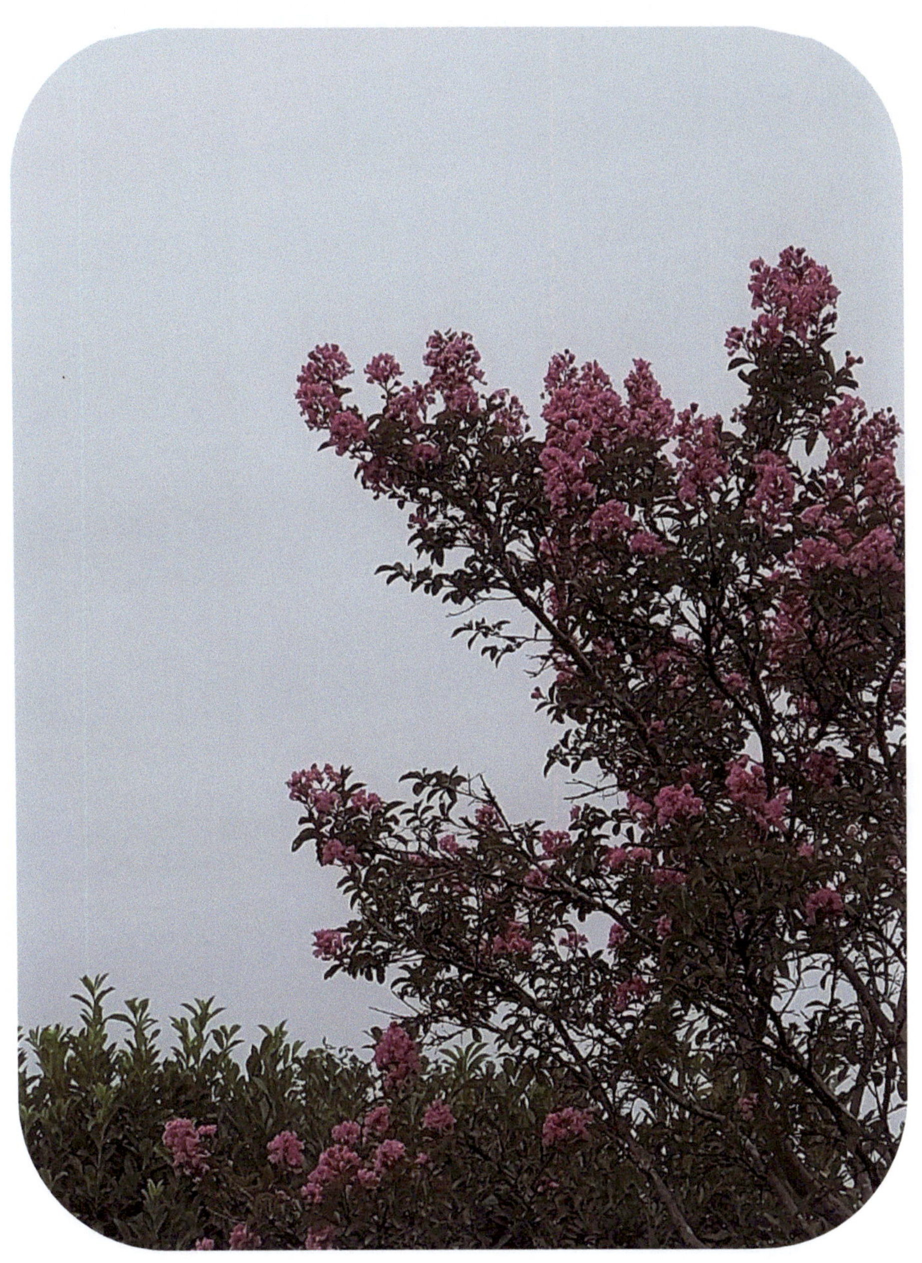

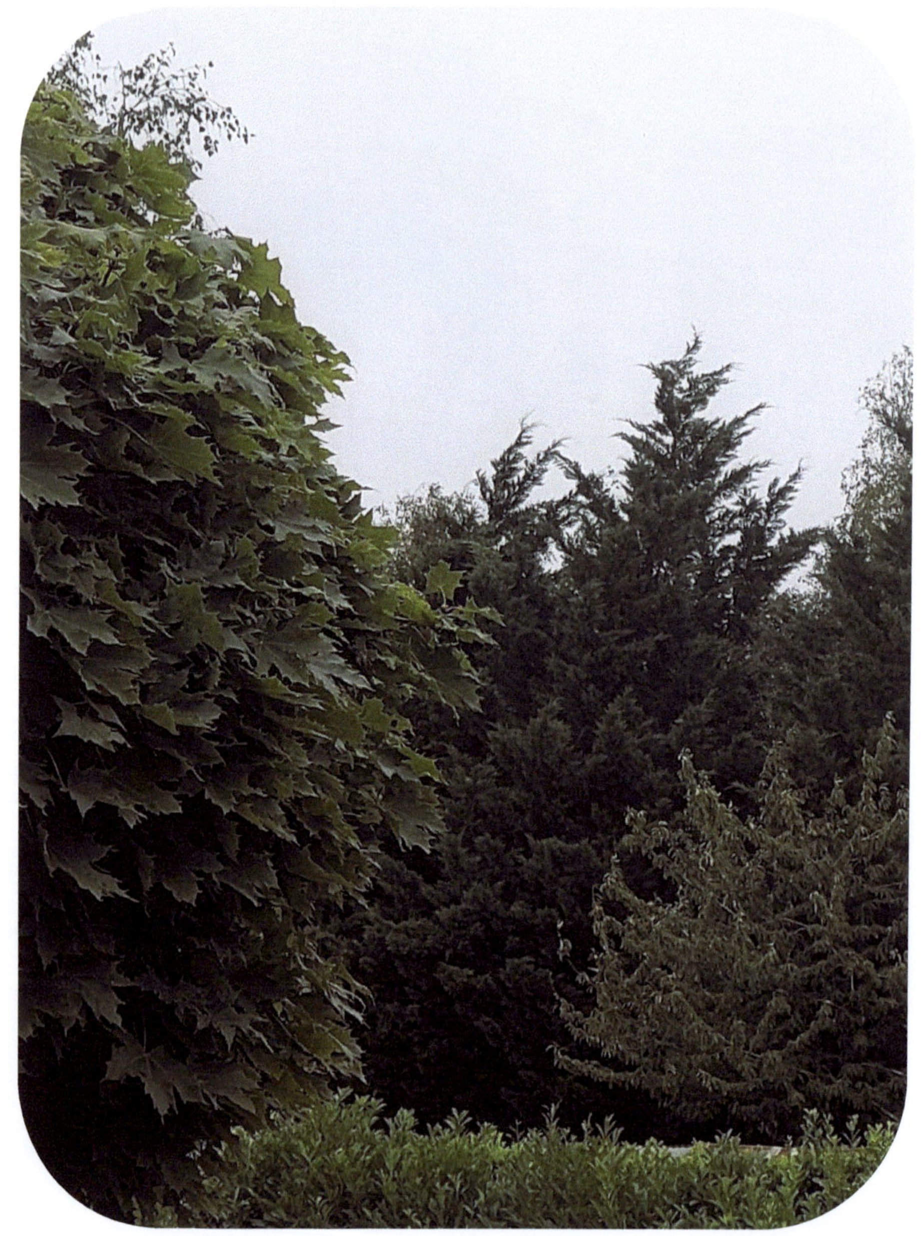

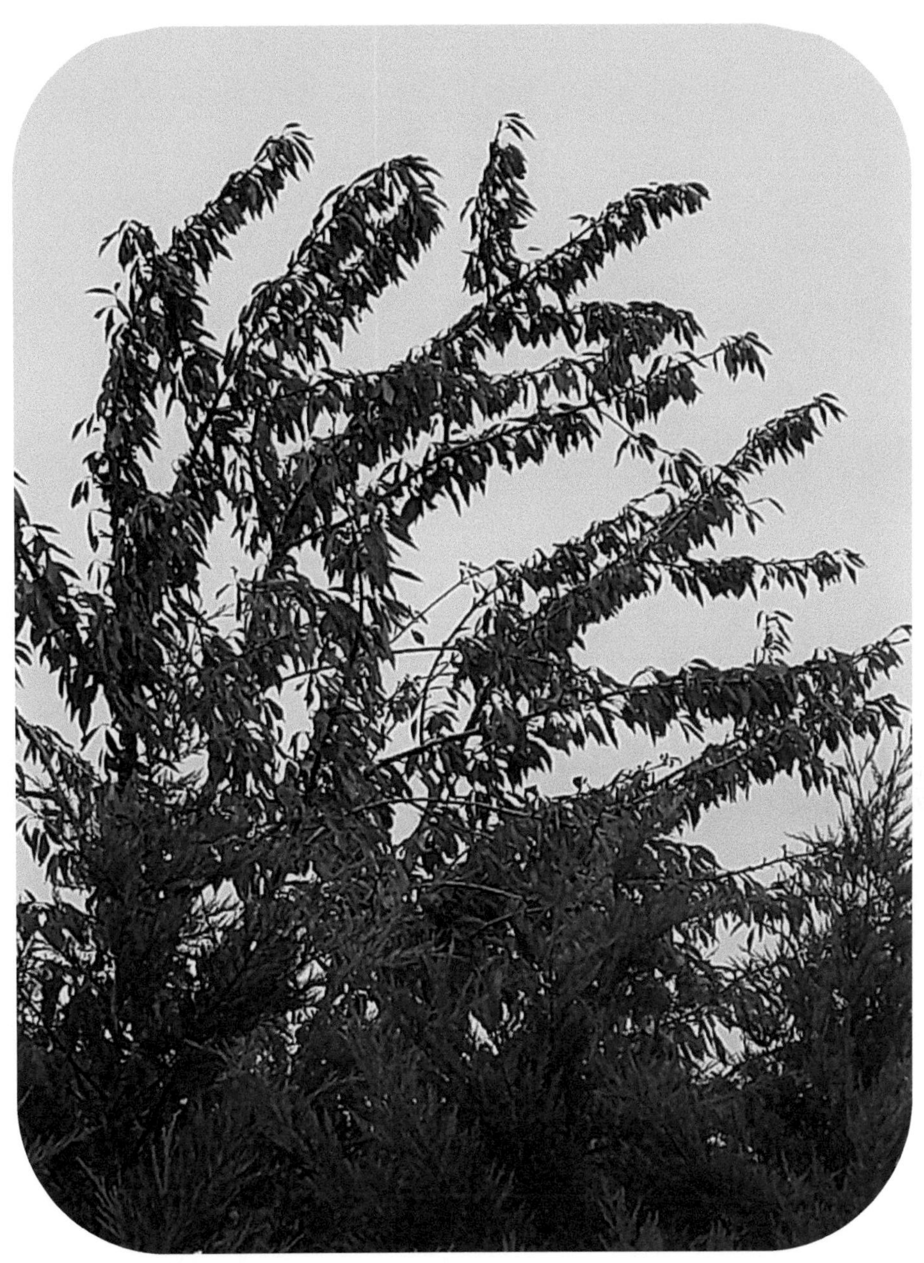

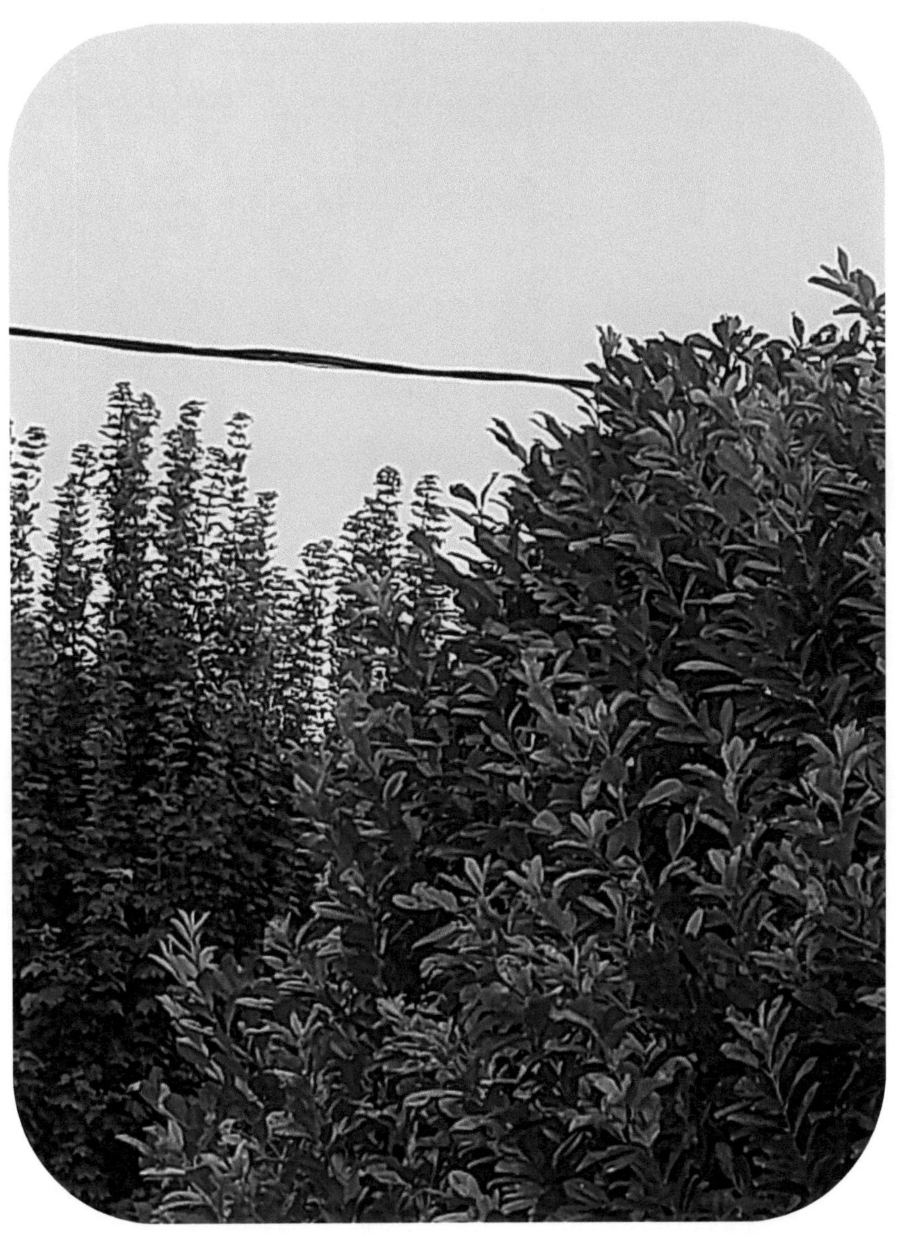

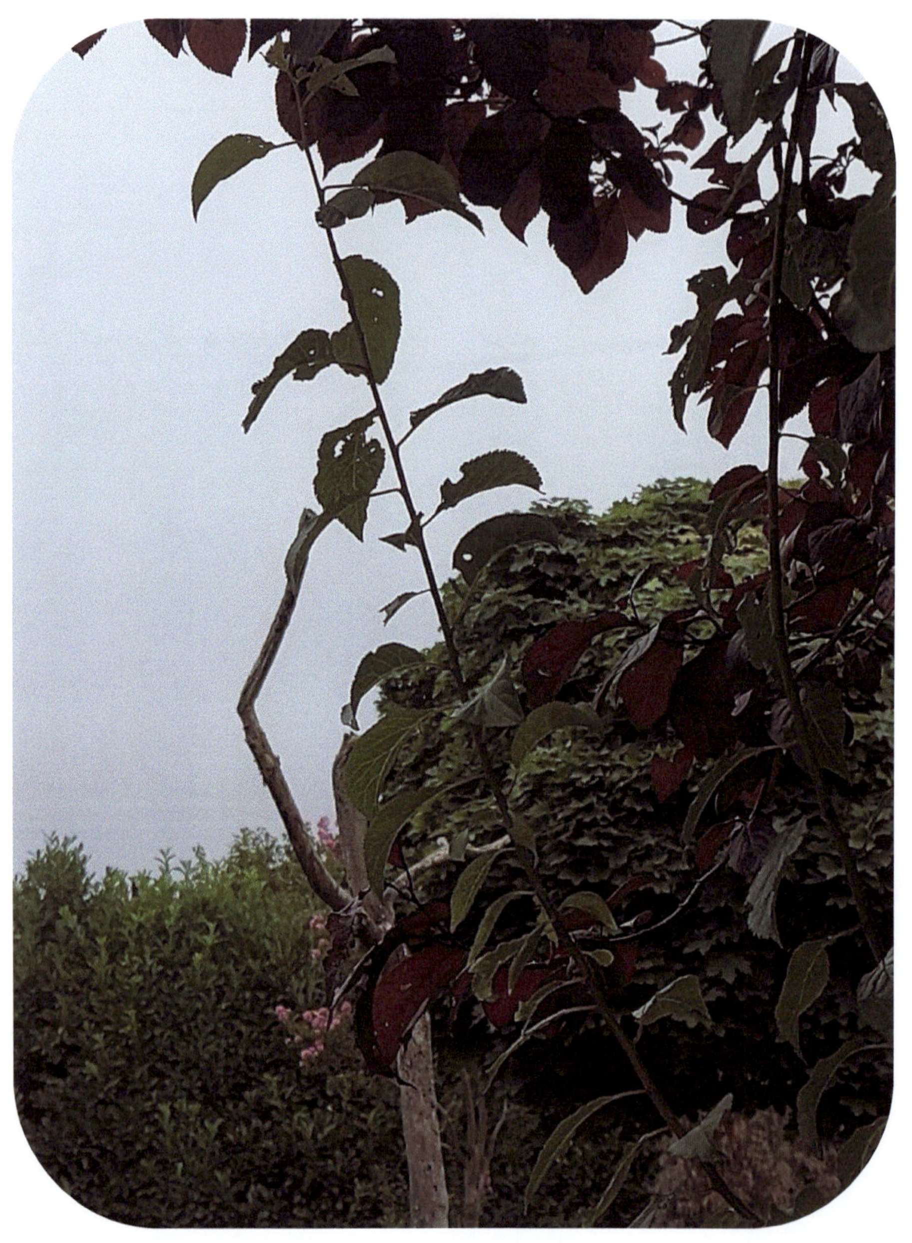

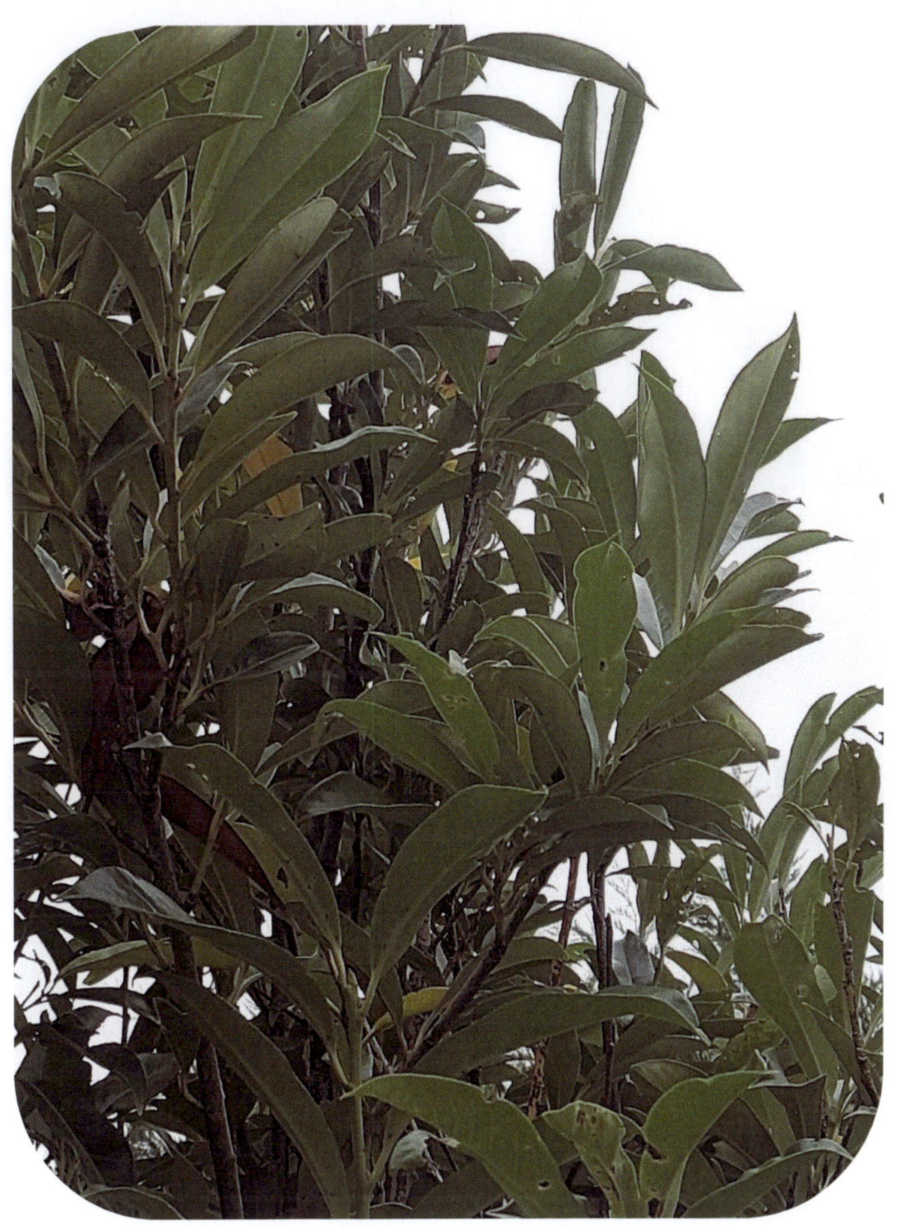

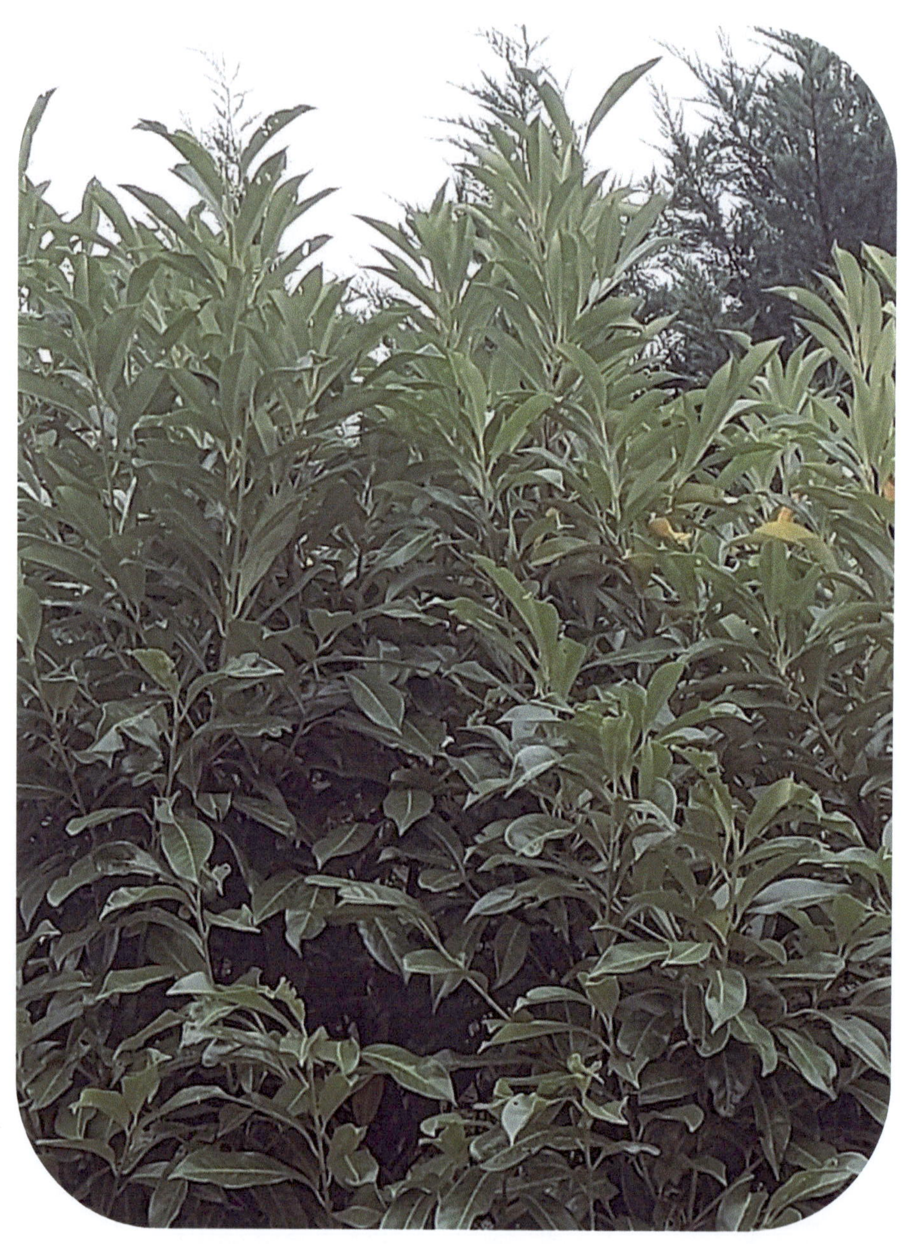

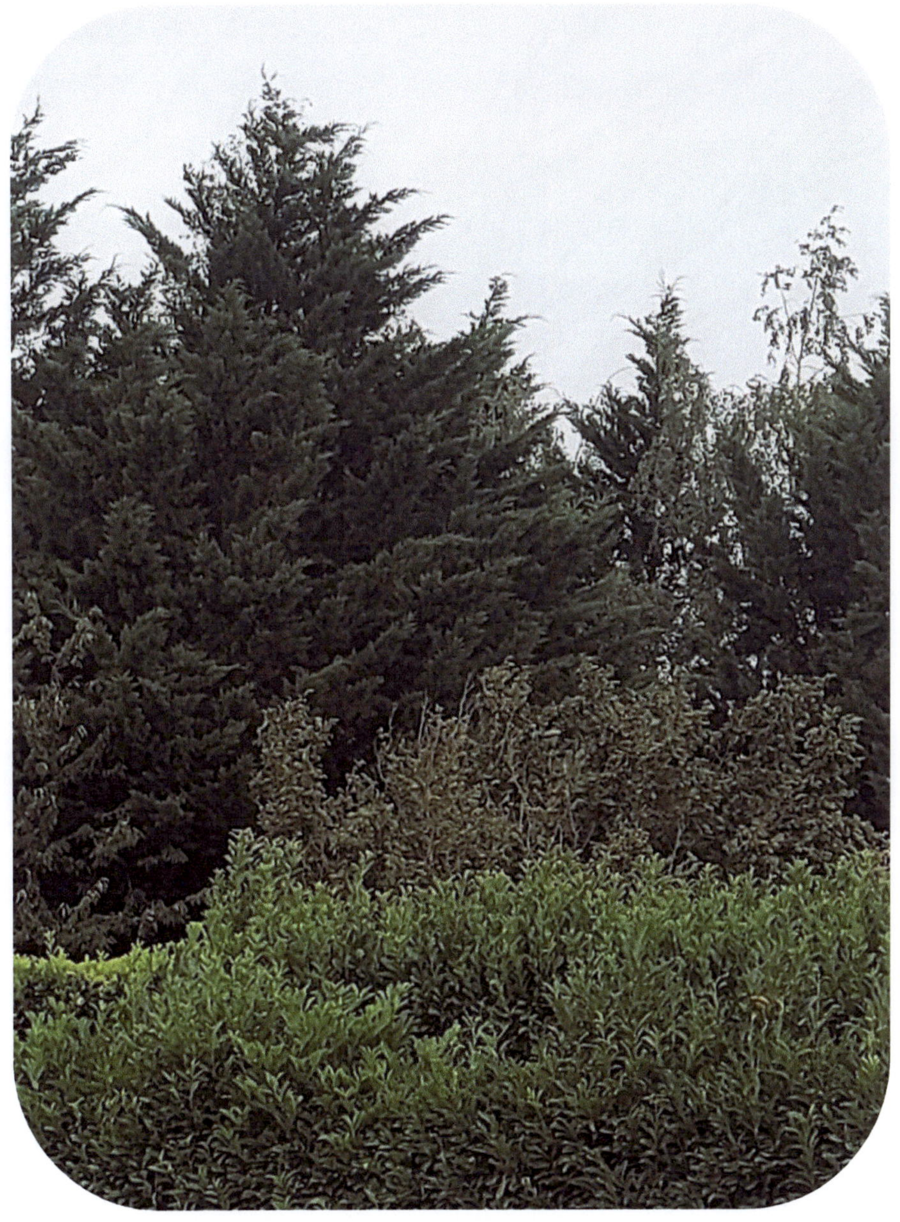

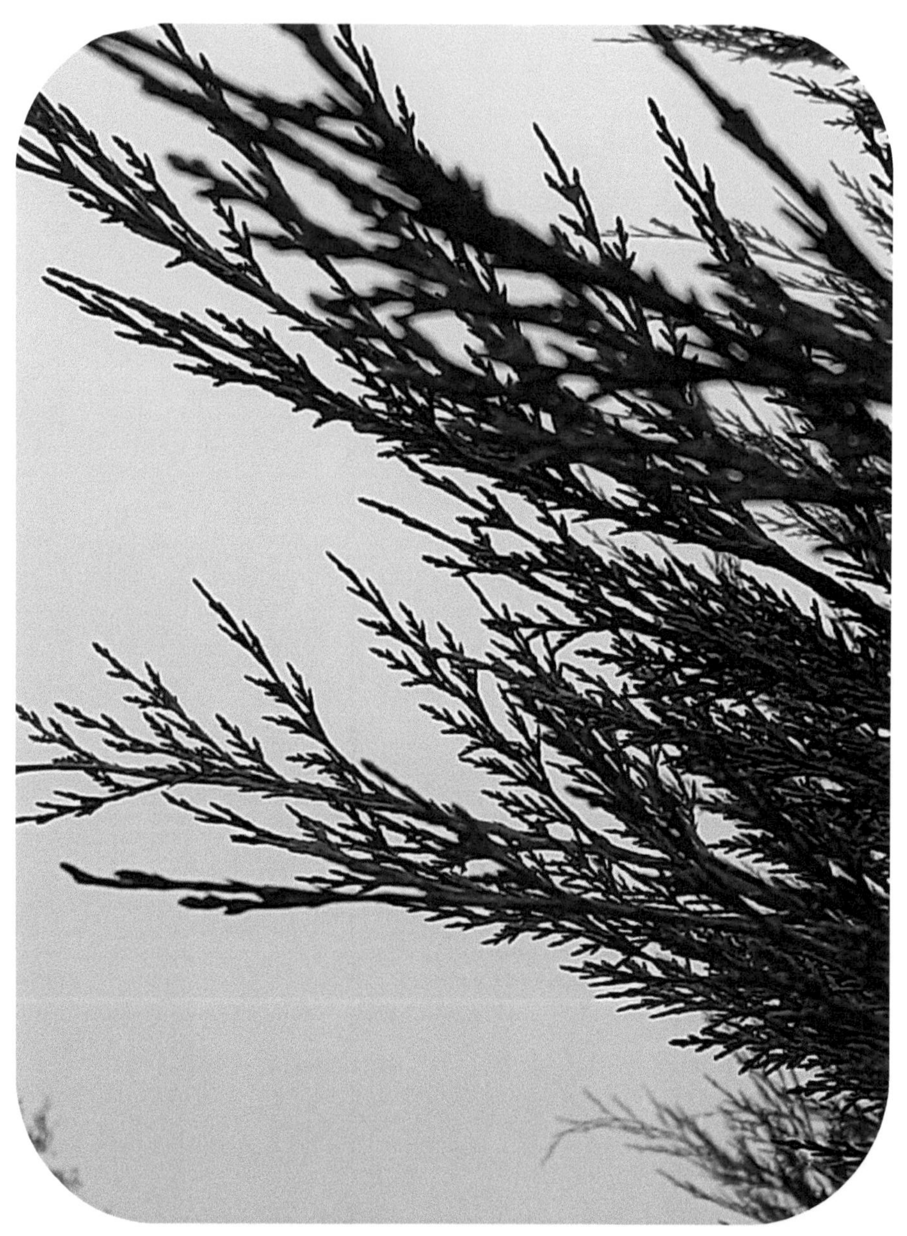

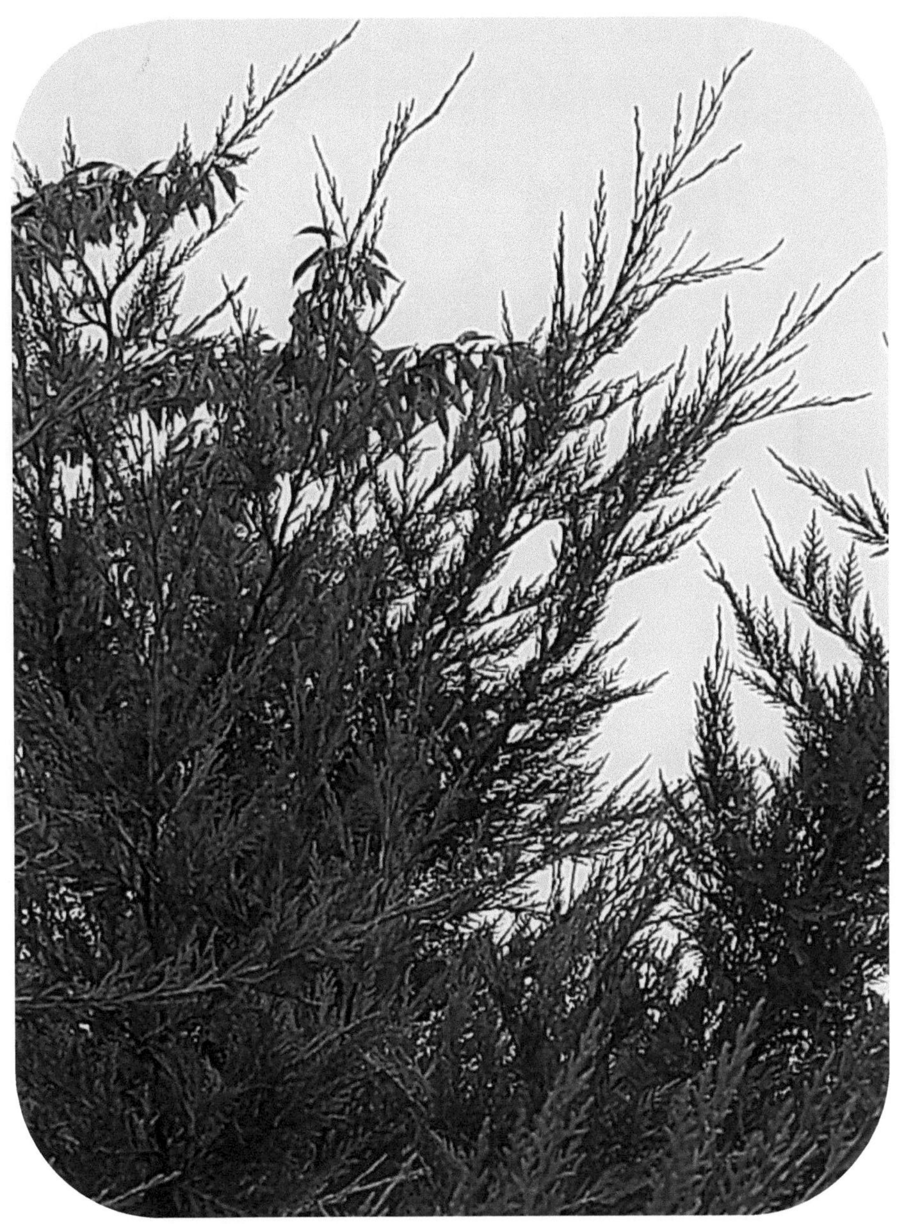

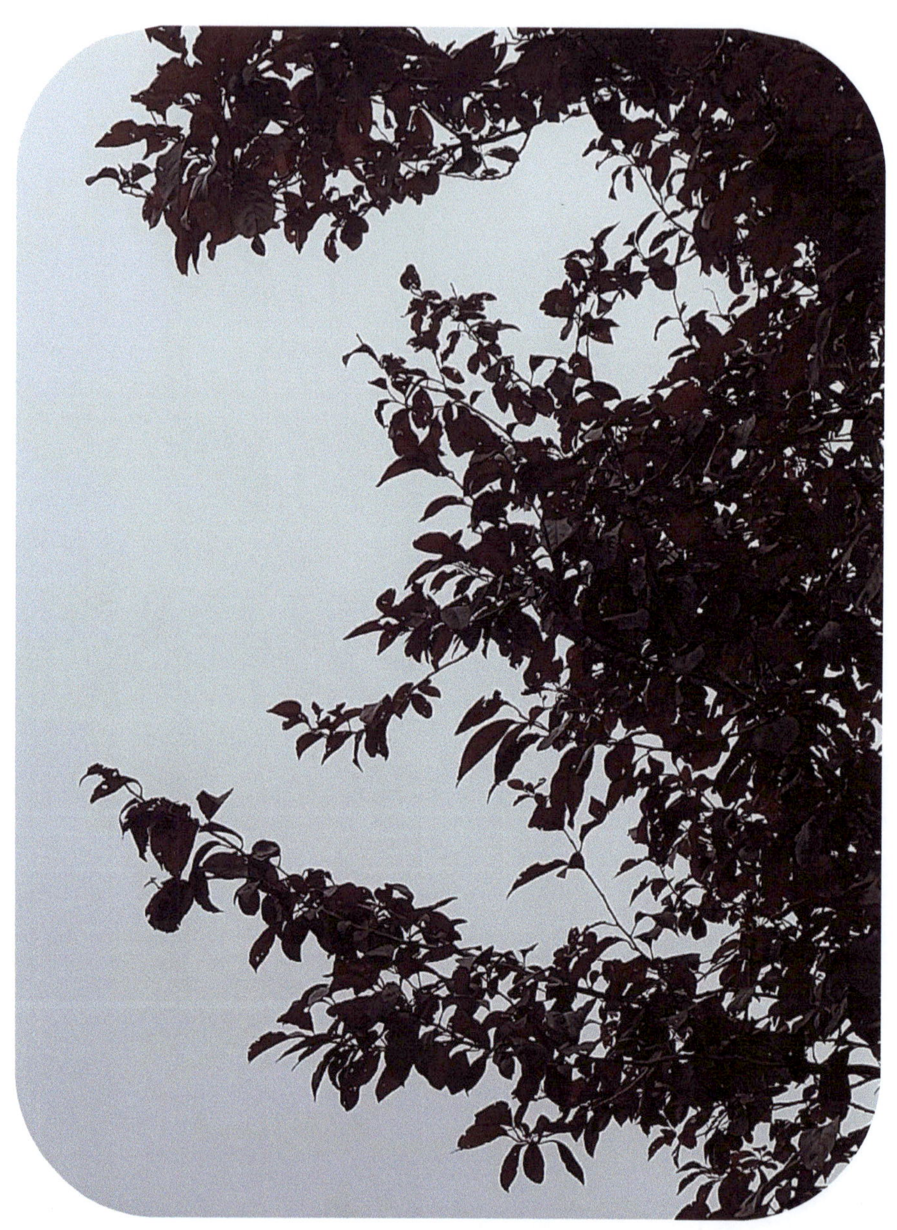

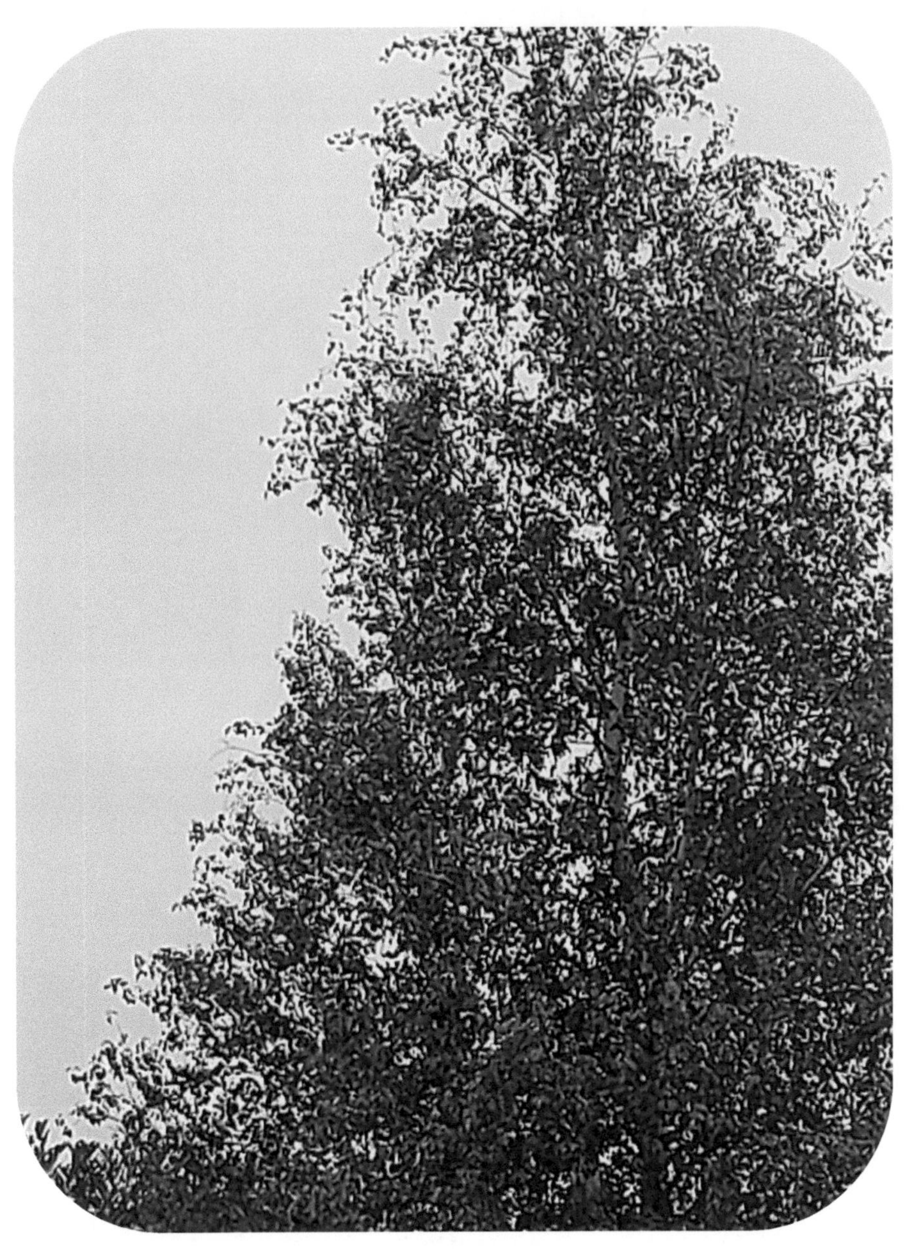

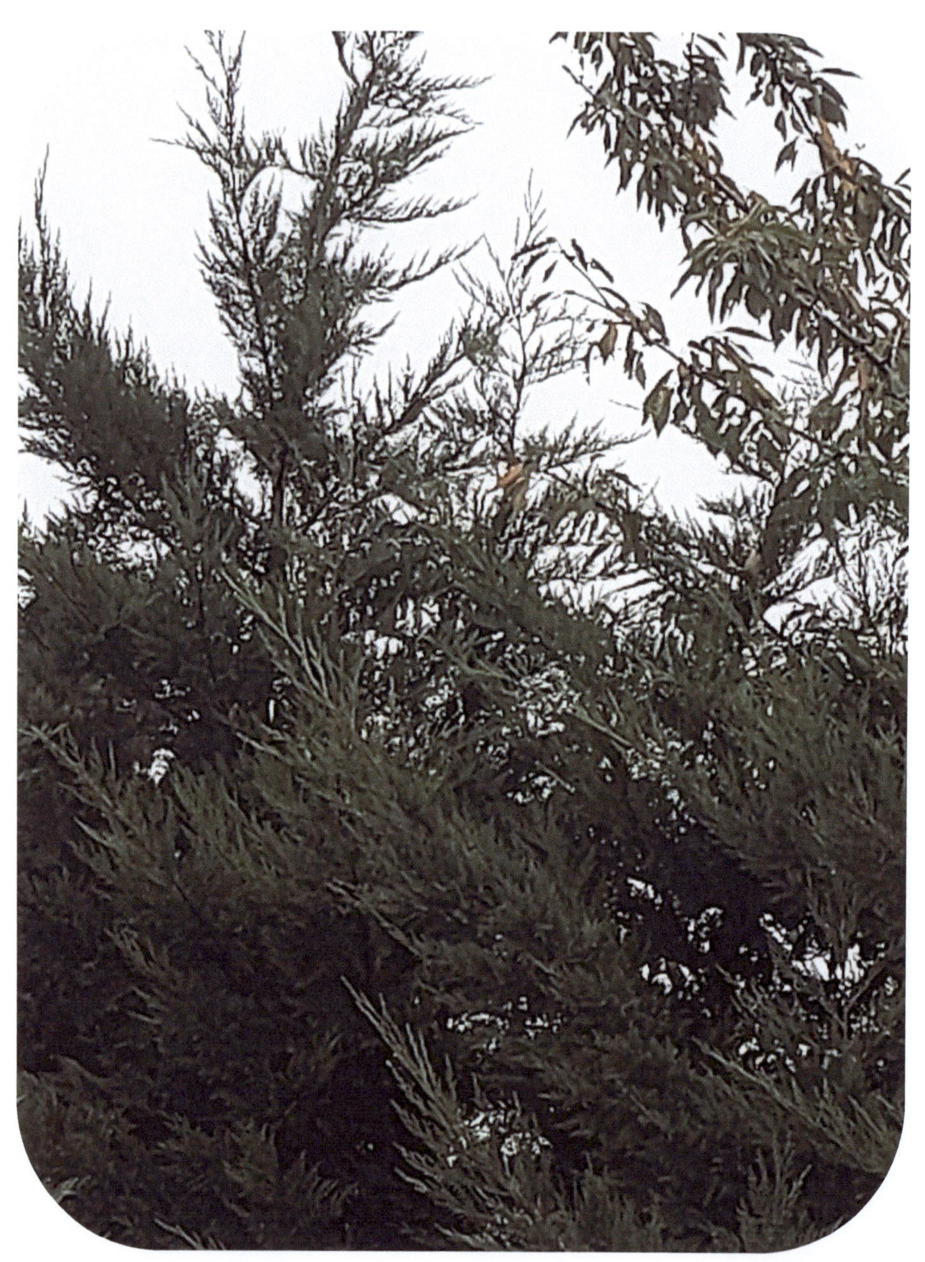

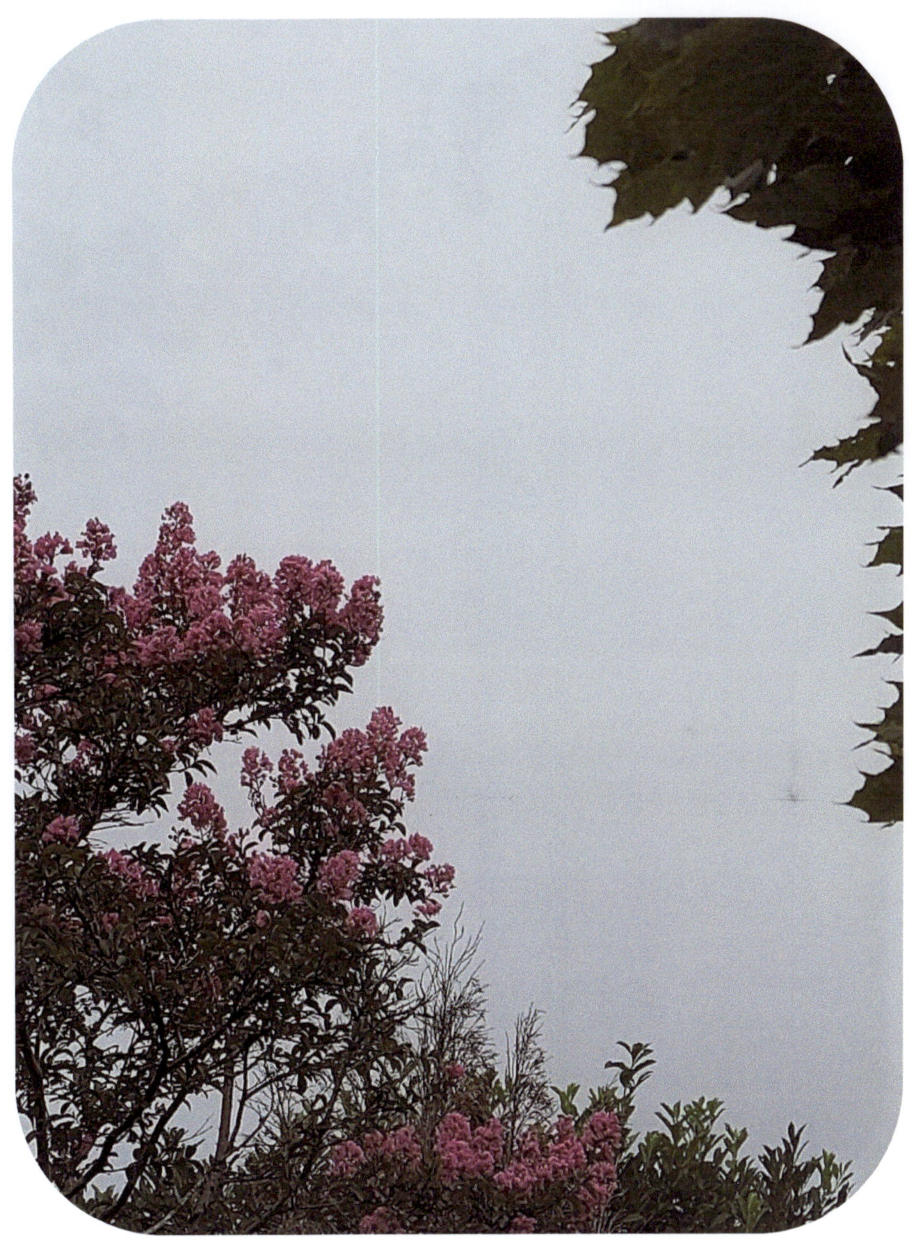

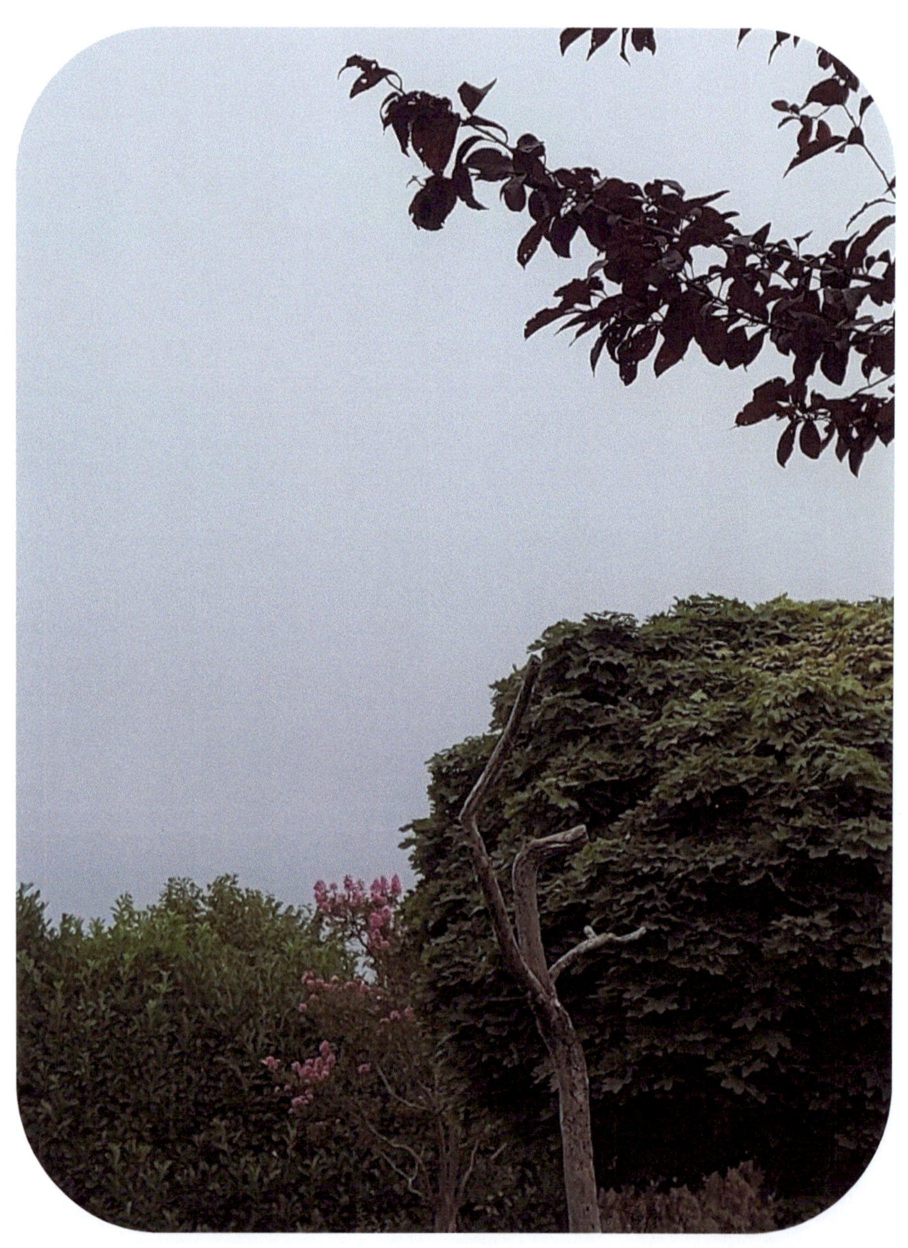

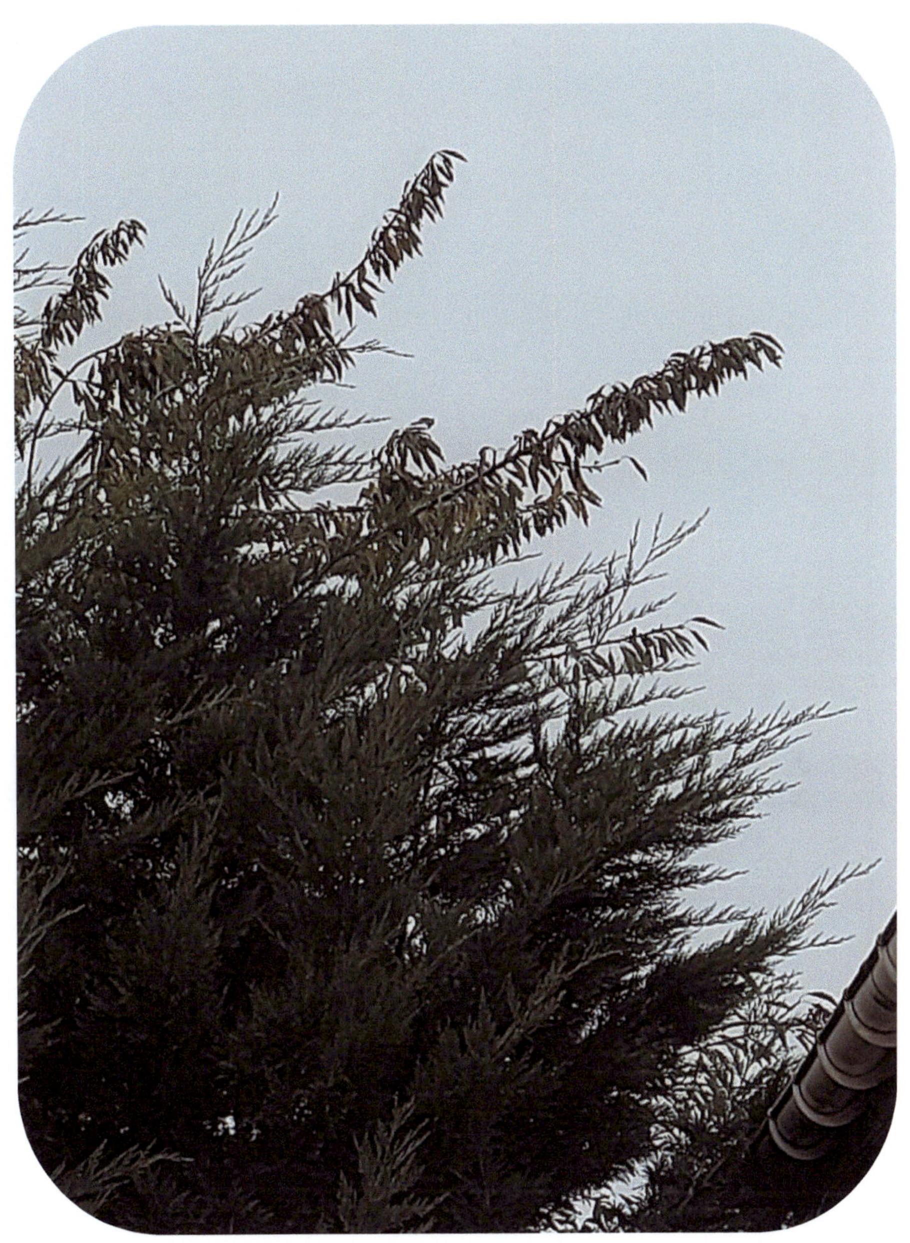

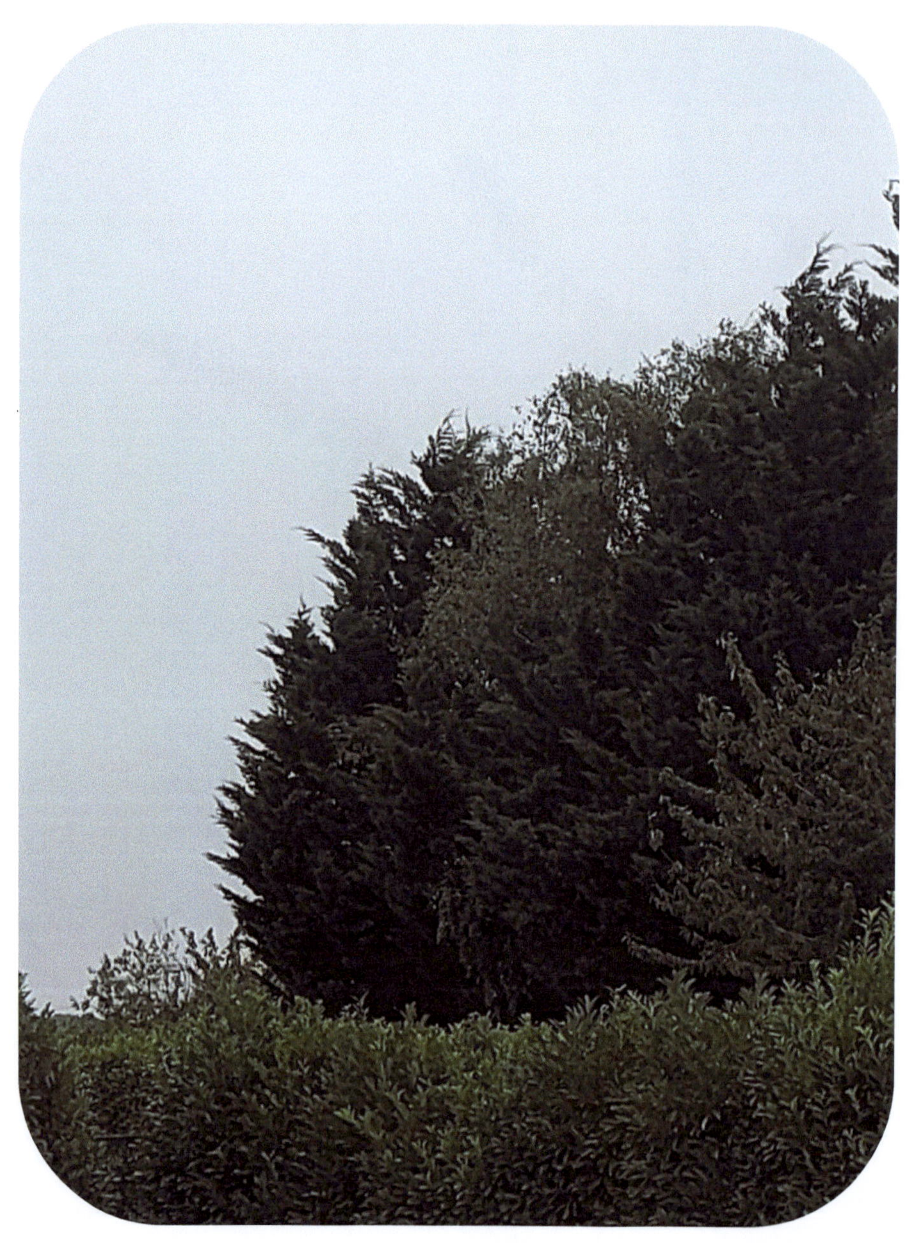

Remerciements

Je tenais à remercier toutes les personnes qui m'ont soutenu durant l'écriture de ce livre de photographies. J'avais besoin de vous partager les paysages qui m'entourent au quotidien. C'était important pour moi. Je remercie également l'équipe de mon éditeur BoD (Books on Demand) sans qui rien ne serait possible.

Et enfin, merci à vous d'avoir choisis ce livre ! J'espère qu'il vous aura fait passer de très bons moments à regarder les paysages qui m'entourent !

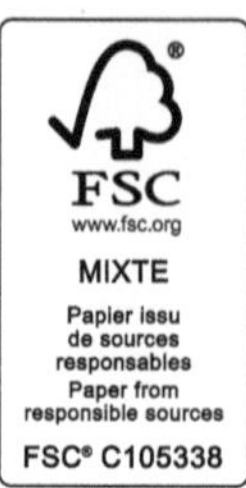

© 2021, Matthieu Meriot
Édition : BoD – Books on Demand,
12/14 rond-point des Champs-Élysées, 75008 Paris
Impression : BoD - Books on Demand, Norderstedt, Allemagne
ISBN: 9782322381180
Dépôt légal : Août 2021